Monika Gänsler

Benjamin Blümchen

Fenster- und Wandbilder aus Tonkarton

frechverlag

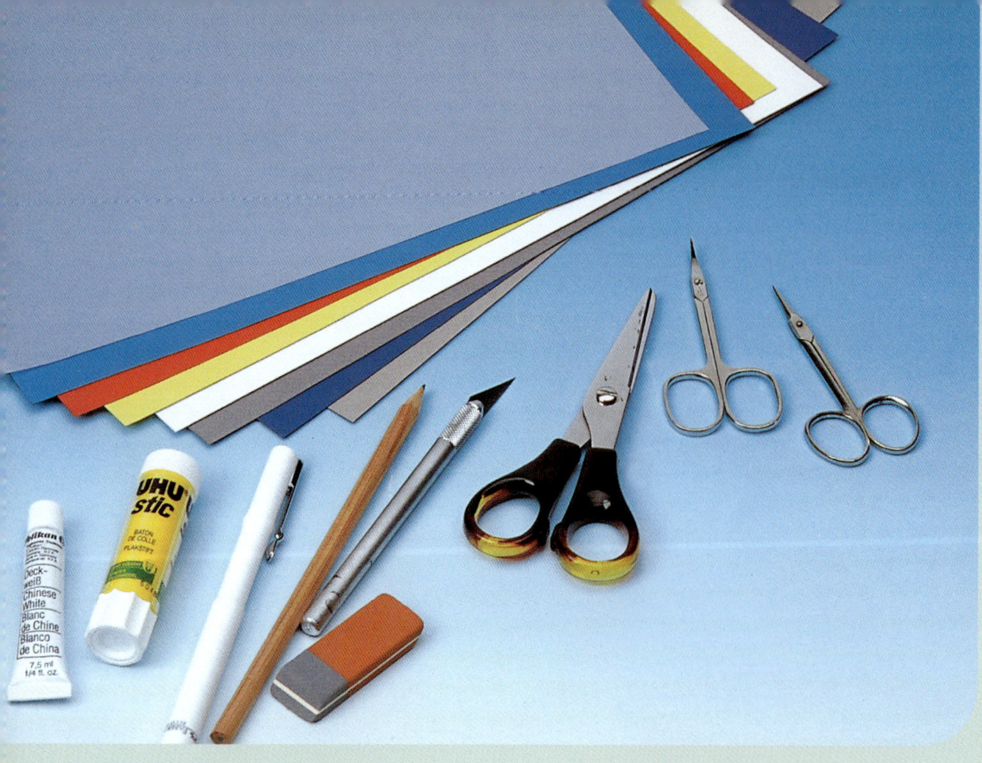

Material

Papier:

Alle Benjamin-Blümchen-Fensterbilder dieses Buches werden aus Tonkarton (Fotokarton) gebastelt; zum Übertragen der Vorlagen benötigen Sie Transparentpapier (Butterbrotpapier), für die Schablonen dünne Pappe und dann noch etwas buntes Transparentpapier für das Drachenmotiv auf den Seiten 24/25.

Werkzeug:

- eine mittelgroße, spitze Schere für Umrisse und grobe Arbeiten
- eine kleine, spitze Schere für exakte, feinste Ausarbeitungen
- eine halbrunde Nagelschere für kleine Rundungen
- ein Cutter für schwer zugängliche Stellen
- Näh- und Stopfnadeln zum Durchstechen

Klebstoff:

Klebestifte haben sich beim Kleben der Benjamin-Fensterbilder als vorteilhaft erwiesen, da bei Flüssigkleber die Gefahr besteht, daß er hervorquillt.
Damit zusammengeklebte Teile beim Trocknen nicht verrutschen, kann man sie in dieser Zeit mit Wäscheklammern zusammenhalten.
Treten Klebstoffspuren auf, beseitigen Sie sie einfach mit einem Radiergummi.

Stifte:

Ein schwarzer Stift zum Konturieren und eventuell Buntstifte sollten bereitliegen. Und natürlich brauchen Sie auch Bleistift und Radiergummi zum Übertragen der Vorlagen.

Weiße, deckende Farbe:

Benjamins Augen können Sie auch mit einer weißen, deckenden Farbe und einem Pinsel auftragen.

Fäden:

Für einige Motive benötigen Sie Wollfäden und Nähgarn.

Lizenz durch Christiane Gosda Lizenzagentur GmbH, Hamburg
Projekt-Management: Anke Maresch
Layout: Petra Theilfarth
Fotos: frechverlag GmbH & Co. Druck KG, 70499 Stuttgart; Fotostudio Ullrich & Co., Renningen

Auflage: 5. 4. 3. 2. 1. | Letzte Zahlen
Jahr: 2000 1999 98 97 96 | maßgebend

1996 erschienen im
frechverlag GmbH + Co. Druck KG, 70499 Stuttgart

ISBN 3-7724-2045-1 · Best.-Nr. 2045
Druck: frechverlag GmbH + Co. Druck KG, 70499 Stuttgart

Törööö – Benjamin Blümchen ist da! Der freundliche Dickhäuter, den jedes Kind kennt und liebt, hat in diesem Buch einen tollen Tonkarton-Auftritt!

Benjamin lebt im Zoo von Neustadt, einer Kleinstadt, die eigentlich ganz normal wäre, wenn da eben nicht ein sprechender Elefant wohnen würde. Gemeinsam mit seinem Freund Otto, einem 13jährigen Jungen, ist Herr Blümchen stets mit Rat und Tat zur Seite, wenn er gebraucht wird. Und natürlich schreibt die rasende Reporterin Karla Kolumna nach jedem großen Abenteuer einen sensationellen Bericht in der Neustädter Zeitung. Benjamin ist einfach der netteste sprechende Elefant, den es auf der Welt gibt ...!

Im Jahr 1978 wurde das liebenswerte Rüsseltier geboren, auf Hörspielkassetten eroberte es sich im Nu die Herzen der kleinen Zuhörer. Als es zehn Jahre später, im Jahr 1988, zum ersten Mal Videos von Herrn Blümchen gab, wurde sein **Törööö** zum Markenzeichen in vielen Kinderzimmern!

Und dort wird es bald noch bunter zugehen, denn in diesem Buch zeigt sich der große, kuschelige Elefant von seiner schönsten Tonkarton-Seite: Als Ballonfahrer, als Detektiv, als Kinderarzt und bei der Kirschenernte, im Zoo, als Feuerwehrmann oder Koch – Benjamin macht sich am Fenster ebenso gut wie an der Wand, im Rahmen und an der Tür!

Weil der sprechende Elefant hier ganz original aussieht, sind die Motive manchmal ein bißchen anspruchsvoller – aber dafür ist Benjamin eben der echte Benjamin! Zudem sind auf den Vorlagenbogen nicht nur die kompletten Figuren, sondern auch alle Einzelteile mit Farbangaben abgebildet. So wird das Nacharbeiten ganz gewiß gelingen! Und dann wird es sicher bald auch aus Ihrem Kinderzimmer tönen:

Törööö

Schritt für Schritt erklärt

1 Wenn Sie sich für Ihr Benjamin-Motiv entschieden haben, legen Sie das Transparentpapier auf die Vorlage; die einzelnen Teile werden ohne Überschneidungen mit Bleistift übertragen.

2 Das Transparentpapier mit den Zeichnungen wird auf dünne Pappe geklebt und sorgfältig ausgeschnitten – fertig sind die Schablonen für alle Einzelteile!

3 Dann werden die Schablonen jeweils auf den Tonkarton gelegt, in dessen Farbe das Teil gearbeitet werden soll, wie hier zum Beispiel Benjamins Hose in Blau, sein Oberkörper in Rot. Ziehen Sie die Konturen der einzelnen Teile mit dem Bleistift exakt nach, und schneiden Sie sie sorgfältig aus.

4 Ein Tip: Bei sehr kleinen Teilen – wie zum Beispiel Augen, Mundinneres und Nägel – können Sie auch ohne Schablonen arbeiten! Dazu wenden Sie das Transparentpapier nach dem Übertragen der Motivteile und ziehen die Linien mit einem weichen Bleistift nochmals auf der Rückseite des Transparentpapieres nach.

5 Legen Sie dann das beidseitig bemalte Transparentpapier auf den Tonkarton der gewünschten Farbe, hier zum Beispiel Rot. Wenn Sie nun auf der Vorderseite die Konturen nochmals mit dem Bleistift nachziehen, überträgt sich der auf der Rückseite haftende Graphit auf den Tonkarton – so können kleinere Teile ohne Schablone übertragen werden!
Diese sehr exakte Übertragungstechnik bietet sich auch an, wenn Sie die Innenlinien oder Klebestellen der Fensterbilder auf Ihre Tonkartonteile übernehmen möchten.

6 Bei allen Anleitungen werden zuerst „Vorarbeiten" genannt; diese Arbeitsfolge erleichtert Ihnen das Zusammenstellen des jeweiligen Fensterbildes. Die Gesamtdarstellung der Figur auf dem Vorlagenbogen gibt Ihnen zudem Positionierungshilfen beim Zusammenkleben der Einzelteile. Für die Titelseite finden Sie diese Arbeitsschritte auf dem Vorlagenbogen nochmals verkleinert dargestellt.

7 Wenn alle Teile zusammengeklebt sind, fehlen nur noch die Innenlinien, die Sie mit einem schwarzen Filzstift und der oben genannten Übertragungstechnik ganz exakt positionieren können.
Zum Aufhängen Ihres Fensterbildes balancieren Sie Ihr Motiv zwischen Daumen und Zeigefinger aus – der Tonkarton wird mit Nadel und Faden einige Millimeter vom Rand entfernt durchstochen. Bei größeren Szenen empfiehlt es sich, mit zwei Fäden zu arbeiten.

Hier noch ein paar Tips:

- *Alle Anleitungen dieses Buches beziehen sich auf einseitig gebastelte Fensterbilder. Wenn Sie Benjamin Blümchen frei aufhängen möchten, wenn also die Rückseite genauso hübsch wie die Vorderseite aussehen soll, schneiden Sie die Einzelteile zweimal aus; sie werden auf der Rückseite deckungsgleich, das heißt gekontert aufgeklebt – Ihr Bild erhält dadurch zusätzlich auch mehr Stabilität!*
- *Einseitig gebastelte Motive können Sie bei Bedarf auf der Rückseite auch mit Karton verstärken!*

Benjamin Blümchen

als Detektiv

Farben:

Zwei verschiedene Grautöne, Weiß, Rot, Hellila, Grün, zwei verschiedene Blautöne, zwei verschiedene Gelbtöne

Vorarbeiten:

1. Kopf:
Kleben Sie von vorne die Augen und von hinten das rechte Ohr an.

2. Rechter Arm:
Den roten Ärmel von hinten mit der Hand und der Handfläche bekleben – hier benötigen Sie übrigens die zwei verschiedenen Tonkarton-Grautöne.

3. Linker Arm:
Bringen Sie von hinten die Hand mit den Nägeln an.

4. Mütze:
Die aus zwei Teilen bestehende Mütze wird zusammengesetzt.

Und so wird's gemacht:

Fügen Sie den roten Oberkörper und den dunkelblauen Unterkörper zusammen. Die Hose erhält von vorne die hellblauen Aufschläge und die Füße mit den Zehennägeln.
Dann sind von vorne der graue Halsausschnitt, der gelbe Knopf und der linke, vorgearbeitete Arm an der Reihe. Von hinten müssen Sie den rechten Arm und das Schwänzchen ergänzen. Nun folgen der fertige Kopf und Benjamins flotte Mütze. Geben Sie dem netten Elefanten eine zweiteilige Lupe in die rechte Hand, und stellen Sie ihn auf die Bodenfläche.

Und was hat der pfiffige Detektiv da entdeckt? Fußspuren! Jetzt noch schnell alle Innenlinien mit einem schwarzen Stift aufmalen, dann steht die Lösung des Falls kurz bevor!

Benjamin Blümchen

als Koch

Farben:

Zwei verschiedene Grautöne, zwei verschiedene Blautöne, Weiß, Rot, Elfenbein, Grün, Anthrazit, Hellbraun, Gelb

Sonstiges:

Faden

Vorarbeiten:

1. Kopf:
Benjamin bekommt von vorne seine Augen und von hinten das linke Ohr.

2. Rechter Arm:
Fügen Sie die Hand und den Ärmel zusammen. Vergessen Sie die weißen Nägel nicht!

3. Linker Arm:
Von vorne müssen Sie die Hand mit der Handfläche, die in zwei unterschiedlichen Grautönen gearbeitet sind, am Ärmel anbringen.

4. Topf:
Der grüne Topfinhalt wird auf dem anthrazitfarbenen Topf fixiert.

5. Würstchen:
Kleben Sie die einzelnen Würstchen von vorne auf einen Faden; die Würstchen, die frei hängen, sollten Sie auf jeden Fall beidseitig arbeiten.

Und so wird's gemacht:

Fügen Sie den roten Oberkörper und die blaue Hose zusammen. Auf der Hose sitzen übrigens die hellblauen Aufschläge, die grauen Füße und die weißen Zehennägel. Jetzt folgen ebenfalls von vorne die Schürze und der graue Halsausschnitt.
Nachdem Sie den Schürzenknoten, das Schwänzchen und den linken Arm von hinten angebracht haben, können Sie den zweiteiligen Kochtopf und dann auch den rechten Arm ergänzen. Der Kopf wird erst jetzt fixiert und bekommt von vorne seine Mütze.
Benjamin hält mit seinem Rüssel den zweiteiligen Kochlöffel, für den Sie elfenbeinfarbenen Tonkarton benötigen: Das vordere Teil von vorne, das hintere Teil von hinten ergänzen.
Und dann braucht Benjamin eine feste Standfläche, seine Innenlinien und natürlich auch die Würstchen, die noch in die Suppe kommen sollen! Fast so gut wie Zuckerstückchen ...!

Benjamin Blümchen
als Feuerwehrmann

Farben:

Grau, Weiß, Rot, Hellrot, Gelb, Gelborange, Dunkelgrün, zwei verschiedene Blautöne, Schwarz, Hellila

Vorarbeiten:

1. Kopf:
Kleben Sie von vorne die Augen und von hinten das rechte Ohr an.

2. Linker Arm:
Den blauen Ärmel, die graue Hand und die weißen Nägel laut Vorlage zusammensetzen.

3. Helm:
Der Helm besteht aus vier Teilen.

4. Feuer:
Gelborange und rot schlagen die zweiteiligen Flammen empor.

5. Vorderteil der Spritze:
Düse (Hellila), Handstück (Schwarz) und Schlauch (Rot) zusammenfügen.

Und so wird's gemacht:

Benjamins Jacke erhält von vorne die drei Knöpfe und das vorgearbeitete Vorderteil der Spritze.
Kleben Sie als nächstes die Hose von hinten, die Hosenaufschläge und die Füße mit den Zehennägeln von vorne an. Nachdem Sie den grauen Halsausschnitt und den fertigen linken Arm fixiert haben, bringen Sie die rechte Hand mit den Nägeln an; Kopf und Helm folgen. Nun stellen Sie den freundlichen Feuerwehrmann auf eine dunkelgrüne Bodenfläche, fixieren von hinten das zweite Stück Schlauch.
Die gefährlichen Flammen lodern direkt vor Benjamin, aber wenn er seine Innenlinien bekommen hat, heißt's gleich:

TörÖÖÖ
– die Feuerwehr ist da!

Benjamin Blümchen
als Ballonfahrer

Farben:

Weiß, Rot, Blau, Gelb,
zwei verschiedene Grautöne,
zwei verschiedene Brauntöne,
Hellgrün, Dunkelgrün,
Hautfarben, Gelborange

Sonstiges:

Braune Wolle, Nadel

Vorarbeiten:

1. Kopf:
Der Kopf des mutigen Ballonfahrers erhält von vorne die Augen und von hinten das rechte Ohr. Ebenfalls von hinten bekommt Benjamin das große Mützenteil mit dem Pompon; das Schirmteil müssen Sie von vorne anbringen.

2. Rechter Arm:
Den Ärmel von hinten mit der hellgrauen Hand, dem weißen Nagel und der dunkelgrauen Handfläche vervollständigen.

3. Ballon:
Dekorieren Sie den Heißluftballon mit verschieden großen Kreisflächen, und danach fixieren Sie die beiden dunkelbraunen Verstrebungen.

Und so wird's gemacht:

Benjamin will zuerst sein rotes Oberteil, das auf der blauen Hose sitzt. Von vorne erhält die Jacke den grauen Halsausschnitt, den Knopf und den fertigen Kopf.
Kleben Sie die linke Hand mit den Nägeln an, und ergänzen Sie jetzt den rechten Arm von hinten. Als nächstes kann Benjamin von vorne in den Korb gesetzt werden.
Wenn der nette Elefant wirklich in die Lüfte entschweben soll, brauchen Sie noch braune Wolle und eine Nadel: Durchstechen Sie mit der Nadel den Korb an zwei Stellen und den Ballon an sechs Stellen und zwar an den beiden braunen Verstrebungen – viermal die obere Verstrebung und zweimal die untere Verstrebung; die Punkte finden Sie mit Hilfe der Vorlage. Die Löcher müssen so groß sein, daß ein Wollfaden zweimal durchgezogen werden kann! Sie brauchen jeweils für die beiden Ballonseiten einen cirka 0,9 m langen Wollfaden.

Für jede Seite gilt folgende Anleitung: Fädeln Sie den Faden in eine Stopfnadel, durchstechen Sie den Korb von vorne nach hinten, und ziehen Sie den Faden bis auf einen Rest von etwa 5 cm nach hinten durch. Nun durchstechen Sie den Ballon am unteren Befestigungspunkt von hinten und ziehen den Faden nach vorne durch. Als nächstes folgt der obere linke Punkt, der von vorne nach hinten durchstochen wird. Nun führen Sie die Nadel von hinten nochmals durch das untere Loch am Ballon und ziehen den Faden dann erst zum oberen rechten Festpunkt des Ballons. Auch hier gilt: Von vorne nach hinten führen.
Als nächstes muß der Faden von hinten wieder durch das untere Loch des Ballons und zum Schluß nochmals von vorne durch das vorhandene Loch am Korb. Die andere Seite des Korbes bzw. des Ballons bearbeiten Sie genauso. Die Enden der Fäden werden durch Knoten gesichert. Vergessen Sie nicht, den Korb durch zwei hautfarbene Sandsäcke zu beschweren, die Sie einfach um die vorderen Fäden binden. Sonst schwebt Benjamin womöglich schon davon, bevor Sie ihm mit einem schwarzen Filzstift seine Innenlinien geben können!

Benjamin Blümchen
und seine Freunde

Benjamin Blümchen

Farben:

Zwei verschiedene Grautöne, Weiß, Rot, Gelb, zwei verschiedene Blautöne

Vorarbeiten:

1. Kopf:
Geben Sie Benjamin von vorne die weißen Augen, das rote Mundinnere und von hinten das rechte Ohr. Das große Mützenteil wird ebenfalls von hinten mit dem Pompon angebracht; das Schirmteil der Mütze folgt von vorne.

2. Rechter Arm:
Ärmel, Hand, Nagel und Handfläche zusammensetzen.

3. Linker Arm:
Die Hand samt Nägeln von hinten am Ärmel fixieren.

Und so wird's gemacht:

Als erstes setzen Sie den Unter- und den Oberkörper des lieben Rüsseltieres zusammen. Über Benjamins Bäuchlein spannt die Jacke ein bißchen, aber der gelbe Knopf hält sie noch zusammen. Nun ergänzen Sie von vorne den grauen Halsausschnitt, den linken Arm und den vorgearbeiteten Kopf.
Von hinten müssen Sie die Hosenaufschläge und die Füße mit den Nägeln sowie den rechten Arm anbringen. Der nächste Schritt ist das Aufzeichnen der schwarzen Linien.
Und weil Benjamin Blümchen so ein netter Elefant ist, hat er natürlich auch viele Freunde, zum Beispiel Otto und Karla Kolumna!

Otto

Farben:

Gelb, Weiß, Orange, Grün, zwei verschiedene Blautöne, Hautfarben, Rot

Vorarbeiten:

1. Kopf:
Kleben Sie von vorne die Augen, das rote Mundinnere und das große Haarteil auf; das kleine Haarteil folgt von hinten.

2. Linkes Bein:
Der hellblaue Hosenaufschlag erhält von hinten den weißen Schuh und das blaue Hosenbein.

Und so wird's gemacht:

Der Pullover wird von vorne mit dem grünen Bündchen und dem grünen Kragen dekoriert. Jetzt fügen Sie die Hose und den Pullover zusammen. Das rechte Hosenbein erhält den Aufschlag und den weißen Schuh mit der roten Spitze; das linke vorgearbeitete Bein folgt von hinten.
Nun kleben Sie den rechten Arm und den Hals von vorne an. Der Kopf wird von vorne und der linke Arm von hinten fixiert. Die schwarzen Linien vervollständigen Otto, den klugen Jungen.

Karla Kolumna

Farben:

Hautfarben, Dunkelbraun, Weiß, Rot, Weinrot, Gelb, Petrol

Vorarbeiten:

1. Kopf:
Das Gesicht erhält von vorne beide Augen und das Mundinnere und wird dann von vorne auf das Haarteil gesetzt.

2. Linkes und rechtes Bein:
Beide Schuhe und Beine zusammenfügen.

3. Rechter Arm:
Auf dem rechten Arm klebt eine weiße Tasche.

Und so wird's gemacht:

Hallöchen! Pullover (Petrol) und Hose (Gelb) zusammensetzen. Als nächstes fixieren Sie von hinten den rechten Hosenaufschlag und danach den linken. Kleben Sie das rechte Bein an, und dann folgt das linke Bein – jeweils mit Schuh!
Nun müssen Sie den Hals und das rechte Jackenteil anbringen. Das linke Jackenteil ist anschließend von hinten an der Reihe; von vorne werden beide Kragenteile angebracht. Den rechten Ärmel ergänzen Sie von hinten, den vorgearbeiteten Kopf von vorne.

Karla braucht noch ihre Brille und die Innenlinien, die Sie mit einem schwarzen Stift aufmalen. Vielleicht muß sie ja gleich wieder einen sensationellen Bericht über Benjamins neuestes Abenteuer schreiben!?

Benjamin Blümchen

und die Schule

Farben:

Zwei verschiedene Grautöne, Rot, Weiß, Schwarz, zwei verschiedene Gelbtöne, drei verschiedene Blautöne, Hellbraun, Orange, Hellgrün, Dunkelgrün

Sonstiges:

Faden, Nadel

Vorarbeiten:

1. Kopf:
Kleben Sie von vorne die Augen, von hinten das linke Ohr und das große Mützenteil an.
Das kleine Schirmteil müssen Sie von vorne und den Pompon von hinten ergänzen.

2. Rechter Arm:
Den Ärmel von hinten mit der hellgrauen Hand und den weißen Nägeln vervollständigen.

3. Rechtes Bein:
Fixieren Sie von hinten den Hosenaufschlag und den Fuß mit den Zehennägeln.

4. Tafel:
Die schwarze Schreibfläche mit der weißen Rechenaufgabe verzieren und das Ganze danach von vorne auf dem Holzteil anbringen.

5. Tasche:
Die Schultasche erhält den schwarzen Verschluß.

Und so wird's gemacht:

Fixieren Sie zunächst die vorgearbeitete Tafel von hinten an Benjamins Oberkörper, dann erst dürfen Sie den Unterkörper ergänzen. Das linke Hosenbein wird mit dem Hosenaufschlag, dem Fuß, den beiden Zehen und der Sohle vervollständigt.
Kleben Sie nun von vorne den grauen Halsausschnitt, das rechte Bein, den Knopf und den rechten Arm an. Den linken Ärmel nicht vergessen!
Nun können Sie den Kopf fixieren und Benjamin auf die Bodenfläche setzen. Geben Sie ihm dann erst seine vorgearbeitete Schultasche.
Als nächstes durchstechen Sie mit einer Nadel die Bodenfläche fünfmal und auch die Tafel einmal. An der Tafel wird ein Schwammteil angebunden, und an der Bodenfläche hängen fünf verschiedene Zahlen.
Alle schwarzen Linien vervollständigen dieses Fensterbild – und wenn Benjamin jetzt doch bloß noch die Lösung dieser Aufgabe wüßte ...!?

1×1=
2
6
5
4
3

Benjamin Blümchen
als Kinderarzt

Farben:

Grau, Weiß, Gelb, Rot,
drei verschiedene Blautöne

Vorarbeiten:

1. Kopf:
Doktor Benjamin bekommt von vorne die Augen, das Mundinnere und das medizinische Instrument. Das zweiteilige Thermometer wird am Rüssel fixiert – ein Teil von vorne und eines von hinten. Nun brauchen Sie nur noch das rechte Ohr von hinten anzubringen.

2. Hose:
Die Hose erhält beide Aufschläge von hinten, die Füße und die Zehennägel folgen.

Und so wird's gemacht:

Kleben Sie den weißen Arztkittel und die vorgearbeitete Hose zusammen. Von hinten bringen Sie auch beide Arme an, von vorne den Halsausschnitt und das Stethoskop.
Nun fehlen nur noch der Kopf und das Schwänzchen. Und wenn der hilfsbereite Elefant seine aufgemalten Innenlinien erhalten hat, wird zuerst Fieber gemessen!

Benjamin Blümchen
bei der Kirschenernte

Vorarbeiten:

1. Kopf:
Die Augen und das Mundinnere sind zuerst an der Reihe. Von hinten bringen Sie das rechte Ohr, die Mütze mit dem Pompon und das Kirschblatt an. Von vorne werden die vier Kirschen und der kleine Mützenschirm ergänzt.

2. Linker Arm:
Fügen Sie Ärmel, Hand und Nägel zusammen.

3. Rechte Hand:
Die Hand mit den Nägeln und der Handfläche ergänzen.

4. Linkes Bein:
Kleben Sie von vorne den hellblauen Hosenaufschlag und den Fuß mit den Fußnägeln an.

Törööö

5. Rechtes Bein:
Auch hier fixieren Sie von vorne den Hosenaufschlag und ebenfalls von vorne den Fuß mit den Fußnägeln und der Fußsohle.

6. Korb:
Der in einem Teil ausgeschnittene Korb wird mit den Kirschen gefüllt und mit den beiden Blättern dekoriert.

Und so wird's gemacht:

Kleben Sie von vorne den grauen Halsausschnitt und die vorgearbeitete rechte Hand am Oberkörper fest. Nun bringen Sie von hinten das rechte Bein an. Als nächstes folgt von vorne der Korb, danach der linke Arm und erst jetzt das linke Bein.
Dann können Sie den vorgearbeiteten Kopf ankleben und Benjamin im Gras plazieren. Und wenn man alle Innenlinien hat, dann gibt es nichts Schöneres, als mitten im grünen Gras vor einem Korb voller Kirschen zu sitzen!

Farben:

Zwei verschiedene Grautöne,
Weiß, Rot, Dunkelrot,
zwei verschiedene Blautöne,
Hellgrün, Dunkelgrün,
Hellbraun

Benjamin Blümchen

macht Urlaub

Farben:

Weiß, Rot, Gelb, Petrol,
zwei verschiedene Grautöne,
zwei verschiedene Blautöne

Sonstiges:

Faden, Nadel

Vorarbeiten:

1. Kopf:
Benjamin bekommt zuerst von vorne die Augen und das Mundinnere. Von hinten wird das rechte Ohr ergänzt.

2. Linker und rechter Arm:
Fixieren Sie bei beiden Armen jeweils die Nägel.

3. Linkes und rechtes Bein:
Beide Beine erhalten ihre Zehennägel; das linke Bein braucht zusätzlich noch die dunkelgraue Fußsohle.

Und so wird's gemacht:

Fixieren Sie von vorne auf dem hübschen roten Badeanzug den grauen Halsausschnitt, den linken Arm, die dekorativen Punkte und das linke Bein. Von hinten folgen der rechte Arm und das rechte Bein. Der vorgefertigte Kopf vervollständigt Benjamin.
Jetzt legen Sie ihn von vorne in sein Schlauchboot und kleben von hinten die Wasserfläche an.
Rund um Benjamin schwimmen fünf Fische im Wasser, und wenn der gutmütige Elefant noch seine Innenlinien bekommen hat, dann fängt der Urlaub so richtig an:

TörÖÖÖ

Benjamin Blümchen
und sein Drachen

Farben:

Weiß, Grau, Rot, Gelb,
zwei verschiedene Grüntöne,
zwei verschiedene Blautöne,
Hellbraun

Sonstiges:

Transparentpapier in fünf verschiedenen Farben,
schwarzes Nähgarn

Vorarbeiten:

1. Kopf:
Kleben Sie von vorne die Augen und von hinten das rechte Ohr und die Mütze mit dem Pompon fest; von vorne folgt das kleine Schirmteil.

2. Linker und rechter Arm:
Beide Ärmel erhalten jeweils von hinten die Hände mit den Nägeln.

3. Drachen:
Den einmal in Gelb ausgeschnittenen Drachen bekleben Sie mit den beiden dunkelgrünen Dreiecken. Der Schwanz des Drachens besteht aus einem Faden, an den Sie vier Schleifen aus Transparentpapier geknotet haben; runden Sie die Ecken der Schleifen ab. Ein Stück gefaltetes Transparentpapier bildet auch das Schwanzende.
Die Drachenschnur können Sie später ankleben.

Und so wird's gemacht:

Der große Drachenlenker bekommt sein rotes Oberteil, das auf der Hose sitzt. Als nächstes kleben Sie von hinten beide Arme und beide Hosenaufschläge fest. Die Füße mit den Zehennägeln folgen.
Von vorne werden jetzt der Halsausschnitt, der Knopf und der vorgefertigte Kopf angebracht. Dann nimmt Benjamin die aufgewickelte Drachenschnur in den Rüssel, ein Teil von vorne und ein Teil von hinten.
Fügen Sie beide Wolken und den Drachen mit Drachenschwanz laut Vorlage zusammen, und bringen Sie alles von hinten an der Figur an.
Benjamin stellt sich auf die Grasfläche, ein kleines Stückchen Faden müssen Sie jetzt noch vom Drachen bis zu der aufgewickelten Drachenschnur ziehen und festkleben.
Und wenn der gutmütige Elefant Benjamin seine Innenlinien bekommen hat, fehlt noch etwas ganz Wichtiges: die Blümchen!

Benjamin Blümchen
und das Geheimnis der Tempelkatze

Farben:

Weiß, Grau, Rot, Ocker, Creme, Hellila

Sonstiges:

Schwarze Wolle, Nadel

Vorarbeiten:

1. Kopf:
Von vorne müssen Sie die Augen, das rechte, große Tuchteil mit der roten Verzierung anbringen, und von hinten folgt das linke, kleinere Tuchteil.

2. Rechter Arm:
Kleben Sie von hinten die Hand samt den drei Nägeln am Ärmel an.

3. Kamel:
Von hinten werden die Hinterbeine und der Schwanz fixiert. Von vorne erhält das Tier sein Auge und die Zähne.

Und so wird's gemacht:

Benjamins Bäuchlein wird mit der roten Schärpe, dem grauen Halsausschnitt und danach mit dem rechten Umhangteil beklebt.
Von hinten erhält er das linke Umhangteil, seine Füße mit den Zehennägeln und anschließend den linken Arm, der noch von vorne seine Hand und die Nägel braucht. Jetzt können Sie den Kopf und den rechten Arm fixieren.
Stellen Sie Benjamin und das Kamel auf eine Bodenfläche. Bringen Sie das Halteband des Kamels an: Dafür wird am Kopf des Tieres ein kleines Loch durchgestochen, ein Wollfaden durchgefädelt und auf der Rückseite und der Vorderseite verknotet.

Herr Blümchen nimmt den Faden von hinten in seine linke Hand, wartet noch auf seine schwarzen Innenlinien – und dann wird das Geheimnis der Tempelkatze gelöst! Jawoll!

Benjamin Blümchen
im Neustädter Zoo

Farben:

Weiß, Elfenbein, Rot, Gelborange, Orange, zwei verschiedene Grautöne, Dunkelgrün, Schwarz

Vorarbeiten:

1. Kopf:
Als erstes werden beide Augen von vorne fixiert. Bevor Sie dann das linke Ohr von hinten anbringen, müssen Sie den linken Ohrwärmer festkleben.
Ebenfalls von hinten wird die Mütze fixiert; als nächstes wird der Mützenschirm ergänzt. Der rechte Ohrwärmer vervollständigt den Kopf.

2. Linker und rechter Arm:
Beide Ärmel erhalten von hinten die Hände und die Nägel, und der linke Arm bekommt noch seine Handfläche.

3. Stiefel:
Dekorieren Sie beide schwarzen Stiefel mit ihren Schnürsenkeln.

4. Pinguin:
Von vorne gibt's für den weißen Körper sein schwarzes Schwänzchen, den Schnabel und das linke Flügelteil. Von hinten werden der rechte Flügel und die Füße ergänzt.
Die Augen sind nur aufgemalt.

Und so wird's gemacht:

Die rote Weste braucht von vorne den gelborangefarbenen Kragen, den grauen Halsausschnitt und den rechten Arm. Von hinten folgen der linke Arm, die Hose, anschließend der rechte und danach der linke Stiefel.
Wenn Sie auch den Kopf fixiert haben, können Sie Benjamin und Peter Pinguin gemeinsam auf die elfenbeinfarbene Bodenfläche stellen.
Alle schwarzen Linien ergänzen. Die schwarzen Stiefel bekommen mit einem weißen Buntstift die Innenlinien aufgemalt.
Und wann gibt's wieder neue Abenteuer aus dem Neustädter Zoo?

Benjamin Blümchen
im Schnee

Farben:

Weiß, Gelb,
zwei verschiedene Grautöne,
zwei verschiedene Blautöne

Vorarbeiten:

1. Kopf:
Bei dieser Kälte braucht Benjamin zuerst seine Augen und von hinten das rechte Ohr.

2. Rechter Arm:
Von hinten wird die Hand am Ärmel fixiert, von vorne werden die Nägel und die Handfläche ergänzt.

3. Rechtes Bein:
Kleben Sie von hinten den Aufschlag und den Fuß mit den Zehennägeln fest.

4. Mütze:
Die Mütze und den Pompon zusammensetzen.

Und so wird's gemacht:

Der Pullover bekommt von vorne den Schal und die Hose; das linke Hosenbein erhält den Aufschlag, den Fuß, die Zehennägel und die Sohle. Von hinten bringen Sie die linke Hand mit den Nägeln, den rechten Arm, das Schalende und das rechte Bein an.

Jetzt können Sie den Kopf samt Mütze von vorne fixieren. Nun plazieren Sie Benjamin noch auf einer weißen Schneefläche und vergessen die schwarzen Innenlinien nicht!

Brr, da friert das

TöröÖÖ

an Ihrem Fenster fast ein!

Und tschüß!

Vorarbeiten:

1. Kopf:
Zum Abschied braucht Benjamin seine Augen, das Mundinnere und das kleine Taschentuchteil auf seinem Rüssel. Von hinten bringen Sie das linke Ohr, die Mütze mit dem Pompon und das große Taschentuchteil an.
Jetzt fehlt nur noch das vordere Schirmteil der Mütze.

2. Linker Arm:
Der Ärmel erhält von hinten die Hand, und diese bekommt von vorne die Nägel.

Farben:

Weiß, zwei verschiedene Grautöne, Rot, zwei verschiedene Blautöne, Hellgrün

Und so wird's gemacht:

Kleben Sie Oberkörper und Unterkörper zusammen. Das rechte Hosenbein bekommt den Aufschlag, den Fuß und die Zehennägel. Das gleiche gilt auch für das linke Hosenbein, zusätzlich ist hier noch die Fußsohle gefragt! Die rechte Hand wird fixiert und mit den Nägeln und der Handfläche vervollständigt. Bringen Sie jetzt von vorne den Halsausschnitt, den linken Arm und zum Schluß den vorgefertigten Kopf an.

Geben Sie dem nettesten Elefanten der Welt alle Innenlinien, und setzen Sie ihn auf eine Grasfläche.

Töröööö

– und tschüß!